LA NATURALEZA EN
101
PREGUNTAS

Alain Grée y Luis Camps

LAS PLANTAS

© Casterman, 1990. Belgique
© Ediciones Rialp, S.A., 1990. Sebastián Elcano, 30. 28012 Madrid

ISBN 84-321-2592-X
Impreso en Bélgica por Casterman, S.A., Tournai, Belgique

rialp junior

Un pájaro se lleva un racimo de frutos. Si se le cae uno al suelo hará nacer una nueva planta.

Las semillas del olmo (redondas) y del arce (alargadas) tienen alas para volar hacia otros lugares llevadas por el viento.

Libando de flor en flor, la abeja transporta granitos de polen pegados a sus patas.

Las semillas de cardillo giran con el viento gracias a su plumero en forma de paracaídas.

Los animalitos del campo y del bosque almacenan frutos para el invierno.

6

¿CÓMO VIAJAN LAS SEMILLAS?

¿Sabías que el día de su nacimiento las plantas viven la más extraordinaria aventura?

Todo empieza en el interior del fruto. El fruto crece en los árboles, los arbustos o las plantas bajas. Contiene una o varias semillas. Cuando los frutos están maduros, se abren y las semillas se escapan dispersándose en la naturaleza. Entonces, empieza el gran viaje. Muchas semillas caen en las proximidades del fruto, pero otras son transportadas lejos antes de arraigar en la tierra para formar una nueva planta.

¿Cómo viajan las semillas?

Con el viento. Las semillas de olmo o de arce poseen pequeñas alas que les permiten volar largas distancias. Las semillas de cardillo flotan en el aire como paracaidistas.

Con el agua. Las semillas caídas en los ríos son arrastradas por la corriente. Las semillas de caña o de nenúfar pueden viajar así durante varios días.

Con los animales. Algunas semillas se enganchan a su pelo. Otras se pegan con el barro en sus patas; otras son acarreadas por los insectos o transportadas en el pico de los pájaros, de donde se escapan en el vuelo. Hay otras amontonadas por ratones o ardillas en sus reservas de alimento; las más afortunadas escaparán rodando. ¡Llegarán a ser hermosas plantas!

Las cápsulas de adormidera explotan cuanto maduran. El viento esparce las semillas.

7

¿CÓMO BROTAN LAS SEMILLAS?

Todo el mundo sabe que de los huevos, mantenidos al calor bajo el cuerpo de la gallina, salen los pollitos.

Las plantas, por supuesto, no ponen huevos. Pero producen semillas. Y una semilla es como un huevo: hay un germen en su interior. Al crecer se convertirá en una planta.

¿Cómo? Es suficiente que la semilla sea enterrada en un lugar húmedo en el momento adecuado. El tiempo hará el resto. Una cosa es cierta: la naturaleza no acostumbra a interrumpir su trabajo. La nueva planta producirá también las semillas que, enterradas en el suelo, harán nacer otras plantas. Así se reproduce la vida en nuestro mundo.

Mirad a vuestro alrededor: millares de animales y de vegetales nacen cada segundo. Abriendo los ojos, ¿los podréis ver crecer?

Desarrollo de una judía

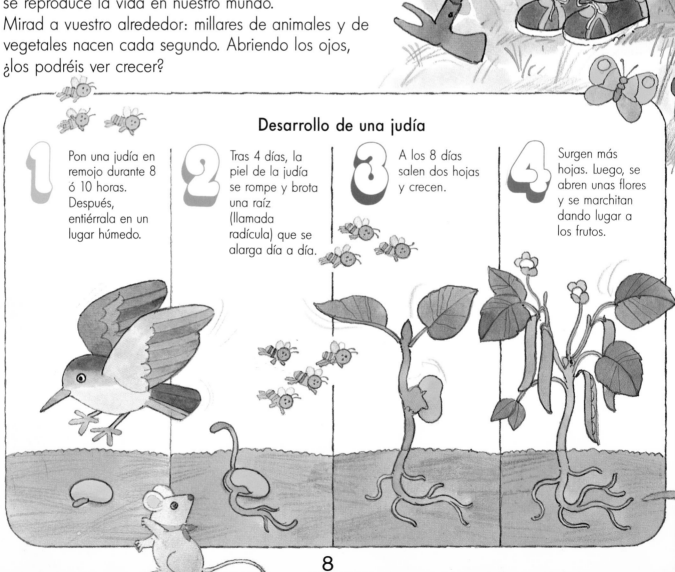

1 Pon una judía en remojo durante 8 ó 10 horas. Después, entiérrala en un lugar húmedo.

2 Tras 4 días, la piel de la judía se rompe y brota una raíz (llamada radícula) que se alarga día a día.

3 A los 8 días salen dos hojas y crecen.

4 Surgen más hojas. Luego, se abren unas flores y se marchitan dando lugar a los frutos.

Desarrollo de una patata

1 Al comienzo de la primavera, entierra una patata a unos 20 centímetros de profundidad.

2 Un mes después, las yemas se desarrollan. Las hojas brotan, las raíces se alargan. Dos meses más tarde aparecen las

3 flores. Los tallos subterráneos se ensanchan, formando los tubérculos.

4 Llega el verano. Las hojas se marchitan. Bajo tierra, los nuevos tubérculos se han convertido en suculentas patatas.

¿CÓMO HACER UN HERBARIO?

Ha llegado la estación más bonita.
En el bosque, miles de flores ofrecen sus pétalos
multicolores a la caricia del sol. Es un espectáculo del
que nadie se cansa jamás.
«Pero cuando llegue el invierno, piensan Nat
y Natalia, ¿qué quedará de estas maravillas
de la naturaleza?» Plantas marchitas, ennegrecidas
por el frío y la lluvia. Sin embargo, existe un medio
de conservar las flores con su belleza después
de la estación cálida: coleccionarlas en un herbario.
¡Verás qué fácil y divertido es!

1 La recogida

Elige las flores que te parezcan más bellas. Con cuidado, corta su tallo con unas tijeras y colócalas en una bolsa de plástico sin apretar. Las flores más frágiles transpórtalas entre las páginas de un libro traído especialmente para esta misión.

2 El secado

Ordena las flores al regresar a casa. Luego, pon entre dos papeles secantes los ejemplares seleccionados. Apila unos diccionarios, intercalando unos periódicos viejos doblados, como muestra el dibujo. Este colchón de papel poroso absorberá la humedad y las diferencias de relieve.

3 Secado lento, secado rápido

Ten paciencia: las flores deben estar de 3 a 5 días en su prensa de secado. Sin esta condición, no obtendrás buenos resultados. Pero si no quieres esperar (como Nat y Natalia), coloca tu flor sobre una cartulina, cúbrela con un trapo y plancha con cuidado el conjunto con la plancha de mamá. Así, 30 segundos bastan para secar la planta.

4 El montaje sobre papel

Cuando la flor esté seca, colócala sobre una hoja de cartulina e inmoviliza su tallo con cinta adhesiva transparente.

5 Cómo presentar las flores

Se debe escribir en la cartulina la fecha y el lugar de recogida (es fácil), después del nombre de cada flor. Aquí, el trabajo se complica. ¿Es una primavera, un iris o una anémona?
Para saberlo, pregunta a tus padres, al jardinero o la florista de tu barrio. Cuando hayas llenado varias hojas, será el momento de colgarlas en la pared de tu habitación, o de reunirlas en una colección. ¡El mejor de los herbarios será el que has hecho tú!

Se pueden secar varias flores juntas

libros gruesos

periódico doblado

papel secante

flores

papel secante

periódico doblado

Primavera cogida el 20 de junio en el bosque S. José

¿DE DÓNDE VIENE EL VINO?

Durante meses, los trabajadores de la viña (llamados viticultores) han arado la tierra entre las cepas, han eliminado los insectos parásitos, han podado los tallos para dirigir toda la savia hacia los frutos.

Es tiempo de recoger los racimos.

La uva de mesa se recoge con esmero: será tomada como postre.

Las otras uvas servirán para el vino. Pero antes de llegar a la mesa, serán necesarios muchos cuidados y largo tiempo para perfeccionar su calidad. El mejor vino debe llegar a envejecer Por tanto, hay que tener paciencia: cuando seas mayor ¡brindaremos juntos!

racimos
de uva
negra

racimos
de uva
blanca

1 Cuando la uva está madura, los racimos se cortan con la podadera. Se ponen en grandes cestas y después en canastas que se llevan a la espalda.

2 El contenido de las canastas se vuelca en la cuba del lagar, donde los frutos serán prensados y filtrados para recoger el zumo, que se llama mosto.

3 El mosto se conserva en grandes barriles. Será objeto de atentos cuidados para que, día tras día, se vaya transformando en vino de calidad.

4 Algunos meses más tarde, el vino se mete en botellas que reposarán al abrigo de la luz durante largos meses.

5 Vestida con una etiqueta de colores, la botella se transporta a los almacenes. Allí estará lista en su estante para la venta.

6 Mamá la ha comprado. ¡Ploc!, se oye al descorchar la botella. Papá se sirve lentamente, lo saborea y sonríe: ¡este vino es una maravilla!

EL ERIZO
adora los caracoles, las babosas, los insectos.

LA MUSARAÑA
se alimenta de gusanos, avispas y hormigas.

EL MURCIÉLAGO
atrapa en pleno vuelo a los insectos alados.

LA COMADREJA
devora ratas y ratones. ¡Pero también come gallinas!

LA RANA
se traga de golpe gusanos y babosas.

EL LAGARTO
es un goloso de insectos, orugas y gusanos.

EL SAPO
tiene los mismos gustos que su amiga la rana.

LA TORTUGA
sólo tiene una pasión: los ciempiés…

¿QUIÉN PROTEGE EL JARDÍN?

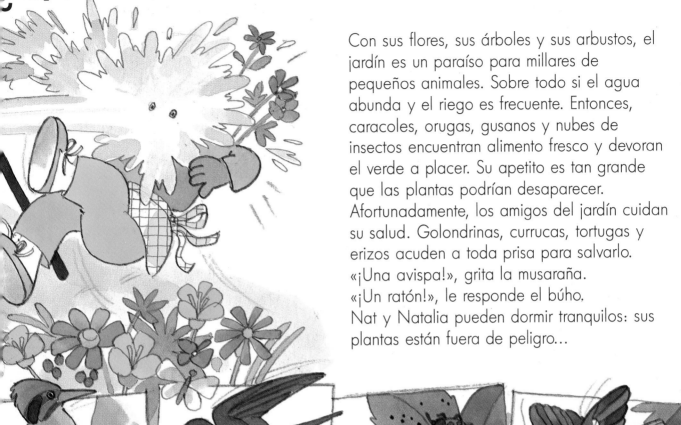

Con sus flores, sus árboles y sus arbustos, el jardín es un paraíso para millares de pequeños animales. Sobre todo si el agua abunda y el riego es frecuente. Entonces, caracoles, orugas, gusanos y nubes de insectos encuentran alimento fresco y devoran el verde a placer. Su apetito es tan grande que las plantas podrían desaparecer. Afortunadamente, los amigos del jardín cuidan su salud. Golondrinas, currucas, tortugas y erizos acuden a toda prisa para salvarlo.

«¡Una avispa!», grita la musaraña.

«¡Un ratón!», le responde el búho.

Nat y Natalia pueden dormir tranquilos: sus plantas están fuera de peligro…

EL PICOVERDE
¡recorrerá kilómetros por un plato de hormigas!

LA GOLONDRINA
engulle los insectos en pleno vuelo.

LA MARIQUITA
pasa su tiempo comiendo pulgones.

EL GORRIÓN
adora las moscas, ¡pero también las semillas!

EL HERRERILLO
se apasiona por las cucarachas y las cochinillas.

EL PETIRROJO
prefiere las orugas a cualquier otro plato.

EL BÚHO
y la lechuza devoran ratas y ratones.

LA CURRUCA
limpia los arbustos de pulgones golosos.

¿CÓMO CRECE UN ÁRBOL?

Los árboles son como los seres humanos. Vienen al mundo, crecen con el paso de las estaciones, hasta el día en que el número de sus años les recuerda que es tiempo de dejar el bosque donde han pasado toda su vida. Algunos acaban en leña; otros, en tablas para construir muebles, toneles de vino, cajas de embalaje o vallas.

Pero, ¡callemos, empieza la historia!

1 Una semilla, traída por el viento, ha germinado en el suelo del bosque. Unos días después sobresale un pequeño brote. Crece sin cesar. Ya sobrepasa la altura de las margaritas. Pronto gana a las amapolas.

2 La planta se desarrolla deprisa. En pocos meses han salido ramas a lo largo de su tallo, mientras que miles de hojas agitadas por la brisa saludan a los animales que se acercan.

3 El arbolillo ahora es adulto. Se ha vuelto un árbol tan vigoroso que su silueta domina el bosque. Y sobre cada una de sus ramas, una urraca, una ardilla, una tórtola, un picoverde o un ruiseñor ha construido su nido.

4 Pero, de pronto, ¿qué ocurre?
Los pájaros han huido, los conejos y los lagartos desaparecieron.
Llegan los leñadores que invaden el claro.
Las sierras rugen: en un minuto el árbol es derribado.

5 Caído en el suelo, arrastrado entre la hierba, cargado sobre un camión, nuestro altivo abeto no es más que un montón de hojas sin vida. ¿Dónde le llevarán? ¿Acabará ardiendo en una chimenea?

6 Amigos míos, ¡qué alegre sorpresa espera a nuestro héroe cuando descienda del camión!

De pie, en medio del salón, todo cubierto de bombillas, de guirnaldas centelleantes y de bolas multicolores, jamás se ha visto abeto de Navidad más majestuoso... Ni unos niños tan alegres a sus pies.

con el álamo:
cerillas

con el aliso:
zuecos

con el tilo:
juguetes

con el avellano:
cestos

con el roble:
barriles

con el haya:
tablas de
carnicero

con el boj:
piezas de ajedrez

con el olmo:
ruedas de carro

¿QUÉ SE HACE CON LA MADERA?

Los árboles crecen en el bosque, se desarrollan entre pájaros y envejecen con el paso de los años. Antes que los viejos troncos empiecen a pudrirse, los leñadores los talan y los llevan a la serrería, donde se trocean.

¿Qué les pasa luego? Según la calidad de su madera, se les usa para hacer diferentes objetos: las fábricas los transforman en cerillas, en muebles, en mástil de barco o en poste telegráfico; los artesanos hacen zuecos, estatuillas, adornos o toneles. Cada madera se escoge por su flexibilidad, su peso, su dureza, su resistencia al agua o al calor. ¡Es sorprendente lo que se puede hacer con el sauce o el álamo, con el roble o el olivo!

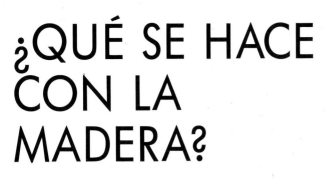

con el carpe:
mangos de herramientas

con el pino:
carpintería de casas

con el alerce:
mástiles de barcos

con el fresno:
escaleras

con el plátano:
instrumentos de cuerda

con el roble:
muebles

con el sauce:
trenzado de asientos

con el arce:
barandillas

con el olivo:
adornos

con el castaño:
vallas

con el abeto:
postes

con el serval:
metros plegables

con el cerezo:
pipas

19

¿QUÉ SE HACE
CON LAS MANZANAS?

¡Qué animación hay en el huerto!
Al final del verano llega la recogida de las manzanas. ¡Son magníficas! Durante todo el invierno los cultivadores han protegido los árboles del ataque de orugas, pulgones y gusanos. Ahora, las ramas se doblan con el peso de miles de frutos maduros y dulces.

Según su calidad, las manzanas serán degustadas bien en su estado natural (a mordiscos o peladas y cortadas con cuchillo), bien consumidas de distintas formas tras una preparación en la cocina o en la fábrica de conservas. ¡El resultado siempre es sabroso!

LAS MANZANAS DE MESA

La recogida de las manzanas para comer se realiza a mano, con cuidado. Los frutos no deben consumirse en seguida. Se colocan en un local bien aireado, al abrigo de la luz y de las heladas, para que continúen madurando. Después de algunas semanas, a veces algunos meses, las manzanas podrán llegar a la mesa. ¡Buen provecho!

LAS MANZANAS PARA ZUMO

Estos frutos se recolectan de tres formas: recogiendo del suelo las manzanas caídas, con «vareo» sacudiendo las ramas o cogiéndolas del árbol con una pértiga. Las manzanas se prensan en una máquina para extraer el zumo. Tras un tiempo de conservación más o menos largo, podemos degustar zumo de manzana o sidra.

LAS MANZANAS PARA COCER

Los frutos se recogen de la misma forma que las manzanas para zumo. Enviadas en grandes cantidades hacia la fábrica, las manzanas se transforman en confitura, en gelatina o en mermelada. Se venderán envasadas en latas o botes de conserva. Se pueden también preparar en casa: ¡las abuelas saben hacer los mejores postres del país!

Las mariquitas devoran los pulgones de las hojas.

Los abejorros viven sobre las hojas y se alimentan de ellas.

Las orugas roen las hojas y los frutos.

Los ciervos volantes anidan en los troncos. Vuelan de noche.

Las tijeretas invaden el nido de los pájaros.

Los zorros cavan sus madrigueras entre las raíces.

Las larvas de abejorros devoran las raíces.

Los lirones grises viven agrupados en un tronco hueco.

Las arañas
tejen su tela entre las
ramas.

Las mariposas
ponen sus huevos en
las hojas.

Las avispas
forman un nido bajo
una rama.

Muchos pájaros
construyen su nido en
las ramas.

¿QUIÉN VIVE EN LOS ÁRBOLES?

Es verano. Gracias al calor, la naturaleza estalla en
los bosques y campos. Entre los árboles, jamás la
vida ha sido tan intensa. Miles de animales invaden
las hojas, las ramas, los troncos o las raíces
subterráneas. Y cada uno aprovecha las inagotables
riquezas de la planta para procurar a su familia
techo y comida.

Nat y su hermana Natalia han encontrado un juego
apasionante: descubrir los huéspedes ocultos en
todos los pisos de un enorme roble centenario. ¿Por
qué no haces lo mismo que ellos?

Los gorgojos
excavan galerías bajo
la corteza.

Los picoverdes
preparan su nido en
un tronco vacío.

Las ardillas
instalan a su familia
en troncos huecos.

Los tejones
hacen sus galerías
bajo los árboles.

JUGUEMOS EN EL BOSQUE

En estas imágenes están representadas las siluetas de seis árboles muy conocidos en nuestros bosques.
Para ayudarte a reconocerlos, hemos puesto al lado de cada árbol el dibujo de sus frutos.
El primero es un castaño común, acompañado de una brillante castaña. ¡Busca el nombre de los otros!

Soluciones: 1/Castaño. 2/Avellano. 3/Encina. 4/Abeto. 5/Castaño de Indias. 6/Haya.

Nat y Natalia quieren alcanzar al conejo y a las ardillas en el claro del Gran Encinar.
¿Qué camino deben seguir?

Respuesta: El camino número 2.

24